Urtext Primo

UT 52001

Bach – Händel – Scarlatti

Leichte Klavierstücke mit Übetipps
Easy piano pieces with practice tips

Ausgewählt und kommentiert von Nils Franke
Selected and annotated by Nils Franke

Wiener Urtext Edition, Schott / Universal Edition

Wiener Urtext Edition, Musikverlag Ges. m. b. H. & Co., K. G., Wien
Ein Gemeinschaftsunternehmen der Verlage Schott Music GmbH & Co. KG, Mainz und Universal Edition, Wien

ISMN 979-0-50057-358-6

INHALT / CONTENTS

Praeludium in C
BWV 939

Johann Sebastian Bach
(1685–1750)

Praeludium in C
BWV 924

J. S. Bach

*) fis' gemäß allen Quellen, f' erst in späteren Ausgaben / f♯ according to all the sources, f' in later editions only /
fa♯³ selon toutes les sources, fa³ seulement dans des éditions ultérieures / Fa♯³ según todas las fuentes, fa³ en las ediciones posteriores

Praeludium in F
BWV 927

J. S. Bach

Praeludium in c
BWV 999

J. S. Bach

Praeludium in C
aus/from/de: Wohltemperiertes Klavier I
BWV 846/1

J. S. Bach

Menuet in G
aus/from/de: Clavierbüchlein der Anna Magdalena Bach
BWV Anh. 116

Komponist unbekannt / Composer unknown
Compositeur inconnu / Compositor desconocido

*) Unklar, ob *d"* oder *dis"* / Unclear whether *d"* or *d"♯* / Incertain si *ré⁴* ou *ré♯⁴* / no está claro si se trata de *re⁴* o *re♯⁴*

Polonoise in d
aus/from/de: Clavierbüchlein der Anna Magdalena Bach
BWV Anh. 128

Komponist unbekannt / Composer unknown
Compositeur inconnu / Compositor desconocido

Menuet in F
aus/from/de: Clavierbüchlein der Anna Magdalena Bach
BWV Anh. 113

Komponist unbekannt / Composer unknown
Compositeur inconnu / Compositor desconocido

Gavotte in G
aus/from/de: Französische Suite 5, BWV 816

J. S. Bach

Menuet 1/2 in c
aus/from/de: Französische Suite 2, BWV 813

J. S. Bach

Menuet 1

Menuet 2

Menuet 1/2 in B
aus/from/de: Partita 1, BWV 825

J. S. Bach

Menuet 2

Inventio 1 in C
BWV 772

J. S. Bach

Inventio 8 in F
BWV 779

J. S. Bach

Toccata in g
HWV 586

Georg Friedrich Händel
(1685–1759)

Preludio in G
HWV 442

G. F. Händel

Prélude in d
aus/from/de: Suite HWV 437

G. F. Händel

*) Zur Ausführung siehe Übetipps / For execution see practice tips /
  Pour l'exécution voir les conceils d'exercice / Para la interpretación, véanse las sugerencias de práctica

Sarabande in d
aus/from/de: Suite HWV 437

G. F. Händel

Var. 2

Sarabande in d
aus/from/de: Suite HWV 448

G. F. Händel

Courante in G
aus/from/de: Suite HWV 450

G. F. Händel

Entrée in g
HWV 453.II

G. F. Händel

Minuet in g
HWV 434.IV

G. F. Händel

Gigue in g
aus/from/de: Suite HWV 452

G. F. Händel

Gigue in F
HWV 492

G. F. Händel

Sonate in d
K. 32

Domenico Scarlatti
(1685–1757)

Sonate in G
K. 80

D. Scarlatti

Sonate in C
K. 95

D. Scarlatti

Sonate in C
K. 308

D. Scarlatti

Sonate in A
K. 323

D. Scarlatti

Sonate in D
K. 415

Pastorale

D. Scarlatti

Allegro

Sonate in G
K. 431

D. Scarlatti

Sonate in G
K. 471

D. Scarlatti

Minuet

KOMMENTAR

Ziel und Zweck der *Urtext Primo* Reihe

Das Konzept der *Urtext Primo* Reihe der Wiener Urtext Edition beabsichtigt, die Lücke zu schließen, die sich nach dem Studium einer Klavierschule beim Übergang zu einem weiterführenden Unterricht ergibt. Zwar werden viele Lehrer bereits die elementaren Unterrichtswerke mit zusätzlichem, auf die Bedürfnisse ihrer Schüler zugeschnittenen Material ergänzen, doch der Wechsel von einer Klavierschule zu einem individuell entworfenen Unterricht stellt einen Einschnitt dar: Hat man bisher mit einem eher vorfixierten Lernprogramm gearbeitet, in dem musikalische und technische Grundlagen zusammen mit ersten Repertoirekenntnissen vermittelt werden, so begibt man sich nun in ein flexibleres Umfeld, in dem Lehrer und Schüler gemeinsam die Musikstücke auswählen, die erarbeitet werden sollen. Bei vielen nationalen wie internationalen Klavierschulen ist dieser Punkt irgendwann nach zwei oder drei Jahren Unterricht erreicht, ein Punkt, an dem junge Pianisten in der Lage wären, einige der folgenden Werke zu spielen:

Bach: Menuett in G, BWV Anh. 116
Mozart: Menuett in F, KV 5
Schumann: Wilder Reiter op. 68/8
Tschaikowsky: Altes französisches Lied op. 39/16

Ausgehend von diesem Spielniveau, wurden für jedes Heft der *Urtext Primo* Reihe Werke von drei verschiedenen Komponisten ausgewählt mit dem Ziel, Klavierschülern (oder auch erwachsenen Wiedereinsteigern) eine Bandbreite von Repertoirestücken anzubieten, anhand derer sie im Verlauf von weiteren zwei bis drei Unterrichtsjahren allmählich ihre technischen und musikalischen Fertigkeiten weiterentwickeln können. Die jedem Heft beigefügten Erläuterungen sollen dazu beitragen, musikalisch-stilistische, musikgeschichtliche und klavierspezifische Kenntnisse zu vertiefen, deren Verinnerlichung für das Erlernen und den Vortrag von wertvollem Nutzen sein kann.

Notentext in Urtext-Qualität

Der Notentext der *Urtext Primo* Bände erscheint im international anerkannten Standard der Wiener Urtext-Ausgaben. Der Notentext basiert auf all jenen Quellen, die zum Verständnis der Absichten des Komponisten relevant sind: Autographe, Abschriften, Erst- und Frühdrucke. Auf diese Weise liegt ein möglichst authentischer Notentext vor, der von entstellenden Zusätzen späterer Epochen weitgehend frei ist. Einzig Zeichen, die sich aufgrund von Parallelstellen als offensichtlich fehlend erweisen, werden vom Herausgeber, jedoch sehr sparsam, ergänzt. Diese Zusätze werden als solche optisch mit Hilfe eckiger Klammern gekennzeichnet, das Original bleibt somit transparent. Ein derartiger „Urtext" bietet nicht nur eine optimale Grundlage, ein Stück den Intentionen des Komponisten gemäß aufzuführen, sondern auch maximale Freiheit zur Entwicklung einer eigenen Kreativität im Umgang mit dem musikalischen Werk.

Auswahl des Repertoires

Die Auswahl des Repertoires für jedes Heft bestimmt ein thematisches Konzept, das die Kombination von jeweils drei Komponisten rechtfertigt. Dabei wird freilich berücksichtigt, dass es so etwas wie einen Kanon von Unterrichtsstücken gibt. Er umfasst Werke, die schon seit geraumer Zeit als kennzeichnend gelten für die Komponisten, die sie geschrieben haben, für ihre Zeit oder für bestimmte musikalische Herausforderungen. Bei der aktuellen Auswahl wurden solche Werke selbstverständlich mit einbezogen, doch wurden sie gleichzeitig zu anderen, weniger bekannten Werken in Bezug gesetzt, deren Relevanz für den Klavierunterricht keineswegs geringer ist. Die sich daraus ergebende musikalische Vielfalt des Repertoires bietet dem Spieler zudem ein Spektrum von technischen Fertigkeiten, die über einen Zeitraum von zwei bis drei Jahren entwickelt werden können. Als Hilfestellung findet sich auf der letzten Seite dieses Heftes eine Repertoire-Tabelle, in der die Stücke des jeweiligen Heftes in drei Kategorien eingestuft werden, von A (die leichtesten) bis C (die schwierigsten). Diese Einstufung ist freilich nur als Orientierung gedacht, da jeder Lernende seine ganz eigenen Stärken und Vorlieben hat.

Die Komponisten des Bandes

Johann Sebastian Bach

Johann Sebastian Bach wurde 1685 in Eisenach geboren und starb 1750 in Leipzig nach einem langen und erfolgreichen Musikerleben. Neben seiner Ausbildung zum Chorsänger erlernte Bach mehrere Musikinstrumente. Nachdem er schon einige Stellen als Organist und Kirchenmusiker bekleidet hatte, wurde er 1708 zum Organisten und Hofmusiker von Herzog Wilhelm Ernst von Weimar ernannt. Hier schuf er sich einen Namen als einer der bedeutendsten Orgelspieler seiner Zeit. 1717 ging Bach nach Cöthen, wo er vor allem Instrumentalmusik komponierte. Sein Autograph zum ersten Teil des *Wohltemperirten Claviers* trägt die Jahreszahl 1722; daraus geht hervor, dass es aus dieser Lebensperiode des Komponisten stammt. 1723 wurde Bach schließlich Kantor an der Thomas-Kirche in Leipzig. Zu seinen Aufgaben gehörte es, schulischen Musikunterricht zu erteilen, als musikalischer Leiter mehrerer Kirchen geistliche Musik zu komponieren und aufzuführen sowie Musik für gesellschaftliche Anlässe zu schreiben. Seine Ernennung zum Hofkomponisten des Kurfürsten von Sachsen, der zugleich König von Polen war, im Jahr 1736 bestätigte Bachs Stellung als hochangesehener Komponist.

Georg Friedrich Händel

Georg Friedrich Händel wurde 1685 in Halle geboren und starb 1759 in London, nachdem er seine Jugendjahre in Deutschland und Italien verbracht und später beinahe vierzig Jahre in England gelebt und gearbeitet hatte. Seinen ersten Unterricht erhielt er bei dem

Organisten Friedrich Wilhelm Zachow in Halle, wo er auch das Gymnasium und die Universität besuchte. Nach einer Zeit als Assistenz-Organist in Halle zog Händel 1703 nach Hamburg. Dort wurde er zweiter Geiger und später Cembalist im Opernorchester und begann mit dem Komponieren von Opern. Über Florenz kam Händel Anfang 1707 nach Rom, wo er unter anderen Arcangelo Corelli und Domenico Scarlatti begegnete. 1710 nahm er eine Stelle als Kapellmeister in Hannover an und verbrachte die nächsten Jahre damit, Opern zu schreiben und zwischen London und Hannover hin und her zu reisen. 1720 wurde Händel zum musikalischen Direktor der Royal Academy of Music in London ernannt und 1727 schließlich englischer Staatsbürger. Zwischen 1720 und 1740 entstehen neben vielen anderen Werken nahezu alle seiner Klavierkompositionen, viele von ihnen wurden bereits zu seinen Lebzeiten gedruckt. Zum Zeitpunkt seines Todes im Jahr 1759 war Händel einer der erfolgreichsten Komponisten seiner Zeit und wahrscheinlich auch einer der wohlhabendsten. Er ist in der Westminster Abbey in London begraben.

Domenico Scarlatti

Domenico Scarlatti wurde 1685 in Neapel geboren und starb 1757 in Madrid. Er war Sohn des Komponisten Alessandro Scarlatti, unter dessen Einfluss er bis etwa 1709 stand. Danach arbeitete er für Maria Casimiria, die im römischen Exil lebende polnische Königin. 1719 ging Scarlatti nach Portugal. In Lissabon erteilte er der Infantin Maria Barbara, die im Jahr 1728 den spanischen Kronprinzen Fernando heiratete, Cembalo-Unterricht. Scarlatti folgte ihr nach Spanien, wo er mit Ausnahme einer Reise nach Italien im Jahr 1728 sein restliches Leben blieb. Mit seinem Wechsel nach Portugal scheint Scarlatti auch einen höchst persönlichen Stil entwickelt zu haben, in welchem er für das Cembalo schrieb. Eine erste Auswahl von Sonaten oder *Essercizi*, wie er diese Werke nannte, wurde 1738 in London veröffentlicht. Sein Kompositionsstil weist einige spanische Einflüsse auf, die möglicherweise vom Klang oder sogar von der Spieltechnik der Gitarre geprägt sind. Scarlattis über 550 Sonaten bezeugen eine reichhaltige musikalische Phantasie und große Meisterschaft in der Auslotung neuer technischer Möglichkeiten.

Die Bedeutung von Bachs, Händels und Scarlattis Klavierwerken

Bach, Händel und Scarlatti wurden alle im selben Jahr geboren und waren damit Zeitgenossen. Die ausgewählten Stücke geben einen ersten Eindruck davon, was diese drei Komponisten zur Entwicklung des Spiels auf Tasteninstrumenten beigetragen haben.

Bachs Bedeutung als Komponist wie als Schöpfer eines umfangreichen Klavierwerks lässt sich vom späten 18. Jahrhundert an verfolgen. Von Beethoven, der Bachs Werke hoch schätzte, zu Chopin, der aus dem *Wohltemperierten Klavier* unterrichtete, von Liszts Bach-Bearbeitungen zu den virtuosen Transkriptionen von Busoni, Reger oder Kabalewsky, scheint Bachs Vermächtnis vielfältig dokumentiert.

Händels Klaviermusik hingegen wird gegenüber der seiner Zeitgenossen Bach und Scarlatti noch oft unterschätzt, obwohl sie in mancher Hinsicht als Brücke zwischen beiden dienen könnte, nämlich zwischen dem zuweilen eher „gelehrten" Kompositionsstil Bachs und den oft extrovertierten Sonaten Scarlattis. Von den nachfolgenden Generationen wurden Händels Werke seltener bearbeitet als diejenigen von Bach. Die Variationen, die Beethoven, Brahms, Volkmann und Reinecke[1] geschrieben haben, sind eher die Ausnahme als die Regel.

Die Sonaten von Scarlatti wurden, zumindest teilweise, schon im 18. Jahrhundert veröffentlicht. Eine Auswahl seiner Sonaten befand sich bekanntlich auch in der Privatbibliothek von Johannes Brahms. Transkriptionen dieser Werke aus dem 19. und frühen 20. Jahrhundert existieren hingegen kaum; Carl Tausig[2] und Béla Bartók bilden auf diesem Feld bemerkenswerte Ausnahmen. Die von Tausig als *Pastorale & Capriccio* zusammengefassten Sonaten K. 9 und K. 20 zählten zweifellos zu den beliebtesten Vortragsstücken im frühen 20. Jahrhundert. Dennoch blieb ein Großteil von Scarlattis Schaffen lange Zeit unzugänglich. Erst nach der Veröffentlichung von Ralph Kirkpatricks bahnbrechender Ausgabe von 1953 war es möglich, die erstaunliche Breite und Vielfalt von Scarlattis Einfallsreichtum angemessen zu würdigen.

Spiel- und Übetipps

Zum Spielen dieser Werke auf dem modernen Klavier

Die Klavierwerke von Bach, Händel und Scarlatti auf dem modernen Klavier zu spielen, stellt eine besondere Herausforderung dar, da die Instrumente, für die diese Komponisten geschrieben haben, sich erheblich von unserem heutigen Klavier unterscheiden. Dies ist zwar nicht der Ort, um ausführlicher auf Einzelheiten des Instrumentenbaus einzugehen, doch müssen einige prinzipielle Sachverhalte angesprochen werden, die Auswirkungen darauf haben, wie man auf einem modernen Klavier an diese Werke herangehen kann.

Die Instrumente der Bach-Zeit

Die Zeit, aus der die Werke im vorliegenden Band stammen, war eine Periode, in der es eine Fülle von besaiteten Tasteninstrumenten gab; ihnen war ein Grundprinzip der Tonerzeugung gemeinsam: das Anreißen bzw. Anzupfen der Saite durch einen Dorn (Federkiel). Hauptvertreter dieser Instrumente war das Cembalo, oft mit zwei Manualen und verschiedenen Registern ausgestattet. Daneben war aber auch das Prinzip eines anschlagsdynamischen Tasteninstrumentes bereits bekannt: Beim Clavichord ermöglichte ein Metallplättchen (Tangente), mit dem die Saite angeschlagen wurde, ein dynamisch differenziertes

---

[1] Ludwig van Beethoven, *Zwölf Variationen über ein Thema aus Händels Oratorium „Judas Makkabäus"* WoO 45, Johannes Brahms, *Variationen und Fuge über ein Thema von Händel* op. 24, Robert Volkmann (1815–1883), *Variationen über ein Thema von Händel* op. 26, Carl Reinecke (1824–1910), *Variationen über ein Thema von Händel* op. 84; vgl. Adolf Prosnitz, *Handbuch der Klavierliteratur*, 2. Aufl., Leipzig-Wien 1908.

[2] Carl Tausig (1841–1871), Klaviervirtuose und Liszt-Schüler, dessen Bach- und Wagner-Transkriptionen im späten 19. und frühen 20. Jahrhundert sehr viel gespielt wurden.

Spiel, je nach Stärke des Anschlags. Wie berichtet wird, soll Bach gerade dieses Tasteninstrument sehr geschätzt haben.

Um 1700 erfand Bartolomeo Cristofori (1665–1731) den Anschlag der Saiten mittels einer Hammermechanik, die er in ein Cembalo einbaute. Dies ermöglichte ebenfalls ein Spiel in dynamischen Abstufungen, weshalb Cristofori dieses Instrument *gravicembalo col piano e forte* nannte. Dennoch standen diese ersten „Hammerklaviere" klanglich dem Cembalo noch wesentlich näher als dem modernen Klavier. Anfängliche Unzulänglichkeiten der neuen Hammermechanik verhinderten allerdings, dass diese Instrumente schon bald erfolgreich wurden. Es ist belegt, dass Hammerklaviere, italienisch *Fortepiano* genannt, auch an den spanischen Hof gelangten, womit sich eine Verbindung zu Scarlatti ziehen lässt.

Das Nebeneinander von Cembalo, Clavichord und ersten Hammerklavieren zeigt, dass die Ausführung der Klaviermusik aus jener Zeit nicht ausschließlich an einen Typus von Tasteninstrument gebunden ist. Allerdings kann man davon ausgehen, dass das Cembalo, oder vielmehr die Vorstellung eines „gezupften" Klanges, die meisten der in diesem Band zusammengestellten Werke prägte.

Die „gezupften" Saiten eines Cembalos erzeugen einen dünneren, allerdings auch etwas direkteren Klang als das moderne Klavier. Durch das Fehlen eines Pedals und damit der Möglichkeit, Töne nachklingen oder verschwimmen zu lassen, wird der frische und transparente Klang des Cembalos noch zusätzlich unterstrichen. Wenn man Cembalo-Literatur auf dem heutigen Klavier spielt, gilt es daher, sich darüber Klarheit zu verschaffen, inwieweit die Eigenheiten des Cembaloklanges den Vortrag auf dem modernen Klavier beeinflussen sollten.

Im 20. Jahrhundert hat man sich im Rahmen der sog. „authentischen Aufführungspraxis", heute „historisch informierte Aufführungspraxis" genannt, erstmals darum bemüht zu verstehen, wie Musik aus früheren Epochen geklungen haben könnte. Hinsichtlich des Klaviers hat man sich immer wieder die Frage gestellt, ob in der Barockmusik das Pedal benutzt werden sollte oder nicht. Einerseits wollte man zu den „gezupften" Tönen des Cembalos eine Entsprechung finden, andererseits rechtfertigten die gehaltenen Töne arpeggierter Akkorde auf dem Cembalo aber durchaus auch den Gebrauch des Pedals. Doch schließlich hat die Erkenntnis, dass kein Klavier jemals wie ein Cembalo klingen wird, bewirkt, dass sich die Diskussion von der Frage des Instruments hin zur Frage des Werkklanges verschoben hat. Im Wesentlichen geht es also darum, wie die klangliche Wirkung eines barocken Cembalostückes auf dem modernen Klavier mit dessen eigener Palette ästhetischer Möglichkeiten dargestellt werden kann.

Der Notentext

Verglichen mit nachfolgenden Epochen ist das Notenbild barocker Kompositionen eher karg. Es enthält nur wenig mehr als die Noten selbst sowie einige Verzierungs- und gelegentlich Artikulationszeichen (z.B. Bögen). Dies war seinerzeit nicht weiter problematisch für Musiker, die es aufgrund ihrer musikalischen Schulung verstanden, sinnvoll mit den kaum bezeichneten Noten umzugehen. Doch wer heute, fast 300 Jahre später, an einen solchen Notentext herangeht, muss sich die nötigen Informationen aus zusätzlichen Quellen zusammensuchen, etwa aus zeitgenössischen Dokumenten wie der Verzierungstabelle im *Clavierbüchlein vor* [!] *Wilhelm Friedemann Bach*, aus theoretischen Schriften, Instrumentalschulen oder aus der Musik selbst. Dabei können Satztypus, Taktart, Struktur der musikalischen Phrasen und ihr musikalischer Kontext sehr aufschlussreich sein, wenn es darum geht, sinnvolle Lösungen für Tempo, Artikulation und Verzierungen zu finden.

Satztypen

Das Repertoire des vorliegenden Bandes umfasst folgende Satz- und Werktypen: Werke mit Einleitungscharakter, Tanzsätze, Inventionen und Sonaten.

Präludium, Toccata und Entrée haben einleitenden Charakter. Sie können sowohl als eigenständige Sätze als auch in Kombination mit einem nachfolgenden Stück, etwa einer Fuge, vorkommen. Die Entrée ist ein oft marschähnliches Eröffnungsstück, dementsprechend in gehendem Tempo, das meist in Ballettmusiken oder Tanzsuiten gebraucht wurde.

Courante und Gigue sind schnellere Tänze, die ihren Ursprung in Frankreich (Courante) bzw. in Irland (Gigue) haben. Die Courante steht im Dreiertakt (3/2 oder 3/4) und ist durch eine laufende Bewegung gekennzeichnet. Die meist im 12/8- oder 6/8-Takt stehende Gigue lebt vom rhythmischen Puls der Dreiachtelgruppen. In ihrer italienischen Ausprägung ist sie sehr lebhaft, in ihrer französischen Spielart dagegen meist reicher verziert und daher etwas gemäßigter im Tempo. Von den beiden Giguen Händels verkörpert HWV 452 eher den italienischen, HWV 492 eher den französischen Typ.

Die Sarabande scheint in Südamerika entstanden zu sein, bevor sie im 16. Jahrhundert in Spanien auftauchte. Sie ist ein langsam schreitender Tanz im Dreiertakt, in der Regel mit einer deutlichen Betonung der zweiten Taktzeit.

Menuet, Gavotte und Polonoise sind Modetänze der Barockzeit, alle drei bevorzugen ein mittleres Tempo. Besonders beliebt wurde das im 3/4-Takt stehende Menuet als französischer Gesellschaftstanz. In barocken Suiten werden oft zwei kontrastierende Menuets gegenübergestellt (vgl. Bach, BWV 813 und 825). Die Gavotte stammt ebenfalls aus Frankreich, sie steht meist im 4/4-Takt und ist an ihrem charakteristischen Auftakt von zwei Vierteln leicht zu erkennen. Die Polonoise hat ihren Ursprung in Polen, steht im 3/4-Takt und ist durch das rhythmische Grundmuster ♫♩ ♪ gekennzeichnet.

Inventionen sind kleine, in sich geschlossene Stücke, die, wie Bach in seinem Vorwort betont, dazu dienen sollen, *mit 2 Stimmen reine spielen zu lernen*. Der imitatorische Dialog zwischen beiden Stimmen stellt an rechte und linke Hand die gleichen technischen Anforderungen und fördert so die Unabhängigkeit der Hände.

Die oft einsätzigen Sonaten von Scarlatti belegen dessen individuellen Stil im Umgang mit dieser Gattung. Vielen dieser Stücke liegt ein spezielles spiel-technisches oder musikalisches Problem zugrunde. Charakter und Tempo sind durch Satzbezeichnungen (Aria, Minuet) bzw. Tempovorschriften (Allegro, Vivace) angegeben.

Tempo

Die Wahl des Tempos in einem Werk des Barock hängt von einer Reihe verschiedener Faktoren ab. Zunächst einmal sind ausdrückliche Tempo-Angaben relativ selten. Bei Tanzsätzen geht das Zeitmaß aus dem Charakter des jeweiligen Tanztyps hervor. Doch selbst hier gibt es Unterschiede: Ein Tanzsatz aus dem Spätbarock, der in der Regel reicher verziert ist als im Frühbarock, erfordert ein langsameres Grundtempo, um zu vermeiden, dass die Verzierungen zu hastig klingen. Überhaupt hängt die Wahl des Tempos vielfach von musikalischen Details ab, etwa von der Taktart (2/4 schneller als 4/4) oder von den kleinsten Notenwerten. Zweitens gibt es sowohl persönliche als auch nationale Unterschiede in den Kompositionsstilen, wie etwa ein Vergleich von Werken Scarlattis und Händels zeigt. Die unterschiedlichen Stile bedingen oft eine bestimmte Satzart: je komplexer die Schreibweise, umso mäßiger das Tempo, je transparenter, umso schneller. Und drittens sagen italienische Bezeichnungen wie *Allegro* eher etwas über den Charakter eines Stückes aus als über seine Schnelligkeit. Somit bedeutet *Allegro* nicht in erster Linie „schnell" sondern „lebhaft". Grundsätzlich ist vor Extremen bei der Tempowahl zu warnen. Man sollte – so Bachs Sohn Carl Philipp Emanuel – darauf achten, *weder im Allegro übereilend, noch im Adagio schläfrig zu werden*[3].

Anschlag und Artikulation

In Bachs Vorwort zu seinen *Inventionen* heißt es, dass diese Musik für *Liebhaber des Clavires* geschrieben sei, damit sie, unter anderem, *eine cantable Art im Spielen* erlangen mögen. Die Verwendung des Wortes „kantabel" ist aufschlussreich, nicht zuletzt deswegen, weil es den unzweifelhaft mechanischen Vorgang des Spiels auf einem Tasteninstrument mit dem Anspruch verbindet, Instrumentalmusik wie eine Vokallinie zu gestalten. Bachs Kommentar bezieht sich daher ebenso sehr auf die Eigenschaft des Klanges wie auf Phrasierung und Artikulation.

Die grundlegende Anschlagsart in der Barockmusik ist das Non-Legato, was aber keineswegs als ausschließliche Vorschrift verstanden werden sollte. Entscheidend ist wieder der musikalische Kontext. So bevorzugen langsame Sätze ein eher gebundenes, schnellere ein eher ungebundenes Spiel. Schritte werden in der Regel gebunden, Sprünge abgesetzt. Bei schnellerem Passagenwerk liegt ein Legato-Anschlag nahe.

Die verschiedenen Möglichkeiten, Bachs Präludium BWV 846/1 zu gestalten, sind ein interessantes Beispiel, wie man historische Information mit ästhetischen Optionen des modernen Instruments verbinden kann. Carl Philipp Emanuel Bach weist darauf hin, dass man bei nacheinander gespielten Akkordtönen die ganze Harmonie halten kann, was einen gebundenen, beinahe pedalisierten Klang ergibt:

Andererseits stehen dem heutigen Spieler, der auf den „gezupften" Cembaloklang verweisen möchte, etwa auch folgende Varianten zur Verfügung:

Dynamik

Das Fehlen dynamischer Anweisungen in der Musik des Barock bedeutet keinesfalls ein dynamisch gleichförmiges Spiel. Für einen expressiven Vortrag auf dem Cembalo ist ein ausgefeilter Einsatz agogischer Effekte erforderlich, auf dem Klavier kann hingegen die Anschlagsdynamik helfen. Für die dynamische Gestaltung spielen dabei mehrere Faktoren eine Rolle, zum Beispiel die Satzdichte: je mehr Stimmen, umso stärker das Klangvolumen und umgekehrt. Außerdem gibt die Gestalt der melodischen Linien Aufschluss darüber, wie diese dynamisch dargestellt werden können. Maßgeblich dabei ist die Abfolge von betonten und unbetonten Taktzeiten, von schweren und leichten Tönen. Auch die in diesen Stücken eher seltenen Legatobögen haben eine dynamische Wirkung: Die erste Note unter einem Bogen wird etwas stärker angeschlagen, die nachfolgenden werden in einem leichten Decrescendo daran gebunden (z.B. Scarlattis Sonate K. 308, Takt 8ff. oder die seufzerartigen Zweierbindungen in der Sarabande HWV 449 von Händel, ab Takt 5). Grundsätzlich empfiehlt es sich jedoch – wie schon bei der Tempowahl – die Extreme, besonders im Forte-Bereich, zu meiden, da sie für das Klangideal der barocken Klaviermusik eher untypisch sind.

Verzierungen und Improvisation

Zwei Aspekte der Aufführungspraxis sind für den Vortrag einiger Stücke in diesem Band von besonderer Bedeutung. Die Verwendung und Ausführung von Verzierungen sowie die Auflösung bloßer Akkordfolgen, die den Spieler zu improvisatorischer Gestaltung einladen.

Verzierungen

Als Ausgangspunkt für die Ausführung von Verzierungen in Bachs Werken gilt in der Regel die *Explication unterschiedlicher Zeichen* im *Clavierbüchlein vor Wilhelm Friedemann Bach*.

---

3 Carl Philipp Emanuel Bach, *Versuch über die wahre Art das Clavier zu spielen*, Berlin 1753, Erster Theil, S. 121, XIII, 1, § 10.

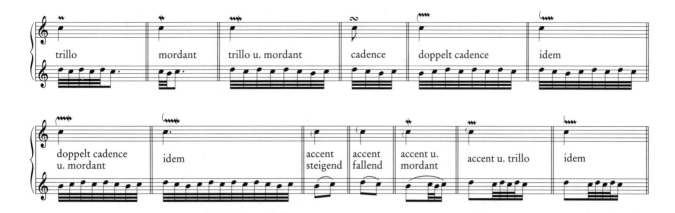

Dem Spieler auf dem modernen Klavier wird jedoch empfohlen, diese Verzierungsanweisungen nicht sklavisch zu befolgen, sondern eher das ihnen zugrundeliegende Prinzip zu beachten und sich im konkreten Fall vom jeweiligen musikalischen Kontext leiten zu lassen. Im Falle von Händels Werken setzt Peter Williams die verschiedenen Ausführungsmöglichkeiten zum jeweiligen Tempo in Beziehung.

Auch die mit *tr* bezeichneten Triller werden in der Regel mit der oberen Nebennote begonnen, wie an exemplarischen Stellen, etwa in den Sonaten Scarlattis, durch den Fingersatz angezeigt. Sie erhalten zumeist einen Nachschlag, auch wenn dieser nicht ausdrücklich notiert ist.

Bei Vorschlagsnoten ist zwischen langer und kurzer Ausführung, in speziellen Fällen auch zwischen einer Ausführung auf oder vor dem Schlag zu unterscheiden. Lange Vorschläge (Vorhalte) erhalten grundsätzlich den halben Wert der nachfolgenden Hauptnote, bei punktierten (dreizeitigen) Hauptnoten zwei Drittel von deren Wert. Sie erklingen in jedem Falle auf dem Schlag. In Scarlattis Sonate K. 308 finden sich in Takt 22ff. zwei unterschiedliche Ausführungen in unmittelbarer Nachbarschaft, was in der unserer Ausgabe zugrundeliegenden Handschrift des Kopisten durch unterschiedliche Notierungen (mit und ohne Vorschlagsbögchen) zu Beginn angedeutet wird.

Der Intervallabstand einer Terz zwischen dem zweiten und dem dritten Taktachtel legt einen Vortrag als *tierce coulée* (Durchgangsnote vor dem Schlag) nahe, die Tonrepetition zwischen dem vierten und fünften Taktachtel einen kurzen Vorschlag auf der Zeit:

Der Kontext der Verzierungen in Takt 33 desselben Stückes spricht für eine Ausführung als langer Vorschlag (Appoggiatura).

Improvisatorische Auszierungen

Grundsätzlich ist bei improvisatorischen Auszierungen zwischen kleinen ornamentalen Ergänzungen und umfangreicheren Ausschmückungen zu unterscheiden. Eine Gelegenheit für eine einfache Auszierung bieten beispielsweise die Takte 5 und 6 im Menuet BWV Anh. 116 (S. 10). Die Sprünge auf der dritten Zählzeit dieser Takte könnten bei der Wiederholung des ersten Teils etwa mit Durchgangsnoten ausgefüllt werden, dazu könnte die Schlussnote der Phrase in Takt 8 einen Vorhalt bekommen:

In anderen Stücken wird man ähnliche Stellen finden, die sich bei der Wiederholung in vergleichbarer Weise auszieren ließen. Freilich wird dies ein Schüler anfangs noch nicht selbständig und frei ausführen können. Eine gute Übung ist es aber, solche kleinen Verzierungen zunächst einmal mit Bleistift in die jeweiligen Noten einzutragen und dabei zu versuchen, auch alternative Lösungen zu finden. Selbstverständlich ist dies kein Muss und sollte auch keineswegs übertrieben werden, doch kann es die musikalische Kreativität des Schülers ebenso anregen wie die Freude an einem persönlich engagierten Musizieren.

Die Arpeggio-Anweisung in den Takten 12 und 13 des Prélude HWV 437 von Händel ist eine Einladung an den Spieler, die Akkordsequenz auf der Grundlage der vorgegebenen Harmonien improvisatorisch ausladender zu gestalten.

Zwar bietet sich hier eine Reihe von Möglichkeiten an, doch sollte man auf jeden Fall darauf achten, dass die Lösung, für die man sich entscheidet, innerhalb des jeweiligen musikalischen Kontexts überzeugt.

Eine Möglichkeit wäre, die zugrundeliegende Sechzehntelbewegung, die dieses Stück prägt, zu benutzen, etwa so:

Die Zweiunddreißigstel von Takt 14 legen aber auch eine virtuosere Variante nahe:

Gegenüber dieser Stelle könnten die Arpeggio-Zeichen für die letzten drei Takte so gelesen werden, dass man die vorgegebenen Akkorde entschiedener hält, indem man sie durchgehend von unten nach oben arpeggiert, etwa:

Hin und wieder weist die Notierung eines musikalischen Effekts auf eine besondere Art der Ausführung hin, ohne dass dies auf den ersten Blick deutlich wird. Es ist in der Tat musikalisch sinnvoll, im folgenden Beispiel aus Scarlattis Sonate K. 32 den Bassakkord und die Töne des ersten Achtels der Oberstimme als Teil eines Arpeggios aufzufassen:

Fingersatz

Eng verbunden mit Artikulation und Auszierung ist auch das Thema Fingersatz. Man kann einem melodischen Bogen noch mehr Profil geben, wenn man einen Fingersatz verwendet, der die gewählte Artikulationsart unterstützt. Das heißt, dass viele durch Formelhaftigkeit geprägte musikalische Elemente wie Skalen und Arpeggien durch die Verwendung eines entsprechenden Fingersatzes belebt werden können. Man nehme als Beispiel eine Tonleiter in C-Dur, die je nach rhythmischem Zusammenhang etwa folgende Artikulations- und damit Fingersatzvarianten bietet:

Auch wenn sich obiges Beispiel in gewisser Weise von selbst versteht, veranschaulicht es doch, wie eng Rhythmus, Artikulation und die sich daraus ergebende Wahl des Fingersatzes zusammenhängen.

Ein interessantes Beispiel in diesem Zusammenhang ist die Fingersetzung in Händels *Preludio* HWV 442. Viele der Tonleiterpassagen können natürlich mit dem üblichen Standardfingersatz gespielt werden. Auf der anderen Seite könnten die abweichenden Fingersätze aber dazu dienen, die Gruppierung der einzelnen Noten zu verdeutlichen, etwa in den Takten 10 und 12, oder – wie z.B. gleich zu Beginn – den kräftigeren Daumen jeweils auf den Taktschlag zu bringen statt auf das weniger betonte Sechzehntel danach.

Gelegentlich kann es eine scheinbar unkonventionelle Fingersatzlösung erfordern, um eine besondere musikalische Wirkung zu erzielen. Peter Williams' Vorschlag, die Tonleiter in Händels Prélude HWV 437, Takt 14, auf beide Hände zu verteilen, mag zunächst befremdend erscheinen (siehe S. 25), doch erweist sie sich letztlich als die bequemere Lösung.

An anderen Stellen mag ein Fingersatz zunächst unkomfortabel wirken, wenn man ihn isoliert betrachtet, so etwa die Fingersatzalternative in Takt 12 von Händels Gigue HWV 452 (S. 32). Im Kontext dieser Stelle ergibt sich der Vorteil, nicht mit dem 5. Finger der linken Hand von *A* nach *d* springen zu müssen. Der 2. Finger muss allerdings auf *d'* übersetzen, und die Hand in diesem Zug ihren Winkel zur Tastatur verändern. Wird der Ellbogen dabei etwas vom Körper weg angehoben und verbleibt in dieser Position, bis das nachfolgende *c'* gespielt ist, wird die Spielbewegung bequemer.

Das Studium von Klavierwerken der Barockzeit erfordert die Bereitschaft, mit der Musik zu experimentieren, bevor man sich auf Lösungen festlegt, die sich auf den Fingersatz auswirken. Aus lernpraktischer Perspektive scheint es beinahe empfehlenswerter, sich zuerst einen „groben" Überblick über den Notentext zu verschaffen und Artikulationen und Auszierungen auszuprobieren, bevor man sich auf einen bestimmten Fingersatz festlegt. Vielleicht hat Carl Philipp Emanuel Bach die Frage des musikalischen Kontextes am griffigsten auf den Punkt gebracht, als er schrieb: *Man muss bey dem Spielen beständig auf die Folge sehen, indem diese oft Ursache ist, daß wir andere als die gewöhnlichen Finger nehmen müssen.*[4]

---

[4] C. Ph. E. Bach, *Versuch*, Erster Theil, S. 20, I, § 16.

Praktische Vorschläge zu speziellen Problemen

Beide Präludien BWV 999 und 846/1 von Bach sind Werke, in denen durchgehend ein einziges Satzmuster verwendet wird. Das kann sowohl behilflich als auch hinderlich für das Erlernen dieser Werke sein. Der Vorteil ist klar: Sind erst einmal die ersten paar Takte gelernt, wirft der Rest des Stücks keine technischen Probleme mehr auf. Doch bedeutet die immer gleiche Struktur auch, dass das Auswendiglernen solcher Musik schwierig sein kann, weil es keine eindeutig unterschiedlichen Abschnitte gibt. Eine harmonische Analyse kann zum Erfolg verhelfen: Wenn man jeden Takt als Akkord lernt, festigt das die Position der Hände und ermöglicht dem Spieler, diese Akkorde losgelöst von der konkreten Figuration zu üben, wodurch das harmonische (auditive) Gedächtnis gestärkt wird. Takt 1–4 von BWV 846/1 würde demnach so aussehen:

Das Menuet BWV Anh. 116 bietet eine vorzügliche Gelegenheit, über die Verbindung zwischen Harmonie und Artikulation nachzudenken. Takt 1 legt einen harmonischen Rhythmus von 2 + 1 Vierteln nahe, die in der Artikulation nachvollzogen werden kann:

In sprungreichen einstimmigen Melodien sind mitunter verschiedene Stimmen verborgen. Sie können durch differenzierten Anschlag hörbar gemacht werden. So würde die latente Zweistimmigkeit in Bachs Menuet 1 aus BWV 825 durch folgende Dynamikabstufungen gewinnen:

Bach schreibt im Vorwort zu seinen *Inventionen*, dass das Studium dieser Werke nicht nur dazu dient, *spielen zu lernen*, sondern auch *einen starcken Vorschmack* [!] *von der Composition* zu bekommen. Dies zeigt, wie eng Spielen und Komponieren in der damaligen Musikausbildung miteinander verbunden waren. Davon zeugt auch Scarlattis Sonate K. 80. Sie ist durchweg zweistimmig notiert, aber von Takt 9 bis Takt 29 sind gelegentlich Generalbassziffern über der Unterstimme notiert, was darauf hindeutet, dass der Spieler in Lage war, aufgrund seiner Kenntnisse der Harmonielehre eine dritte Stimme frei zu ergänzen. Das Notenbeispiel auf Seite 63 veranschaulicht, wie man eine dritte Stimme an den bezifferten Stellen ergänzen könnte. Eine rein zweistimmige Ausführung der Sonate wird dadurch aber keineswegs ausgeschlossen.

Die weiter oben angesprochene Beziehung zwischen Grundtempo und Art und Ausmaß der Verzierungen findet sich auch in Scarlattis Sonate K. 95, wo die vorgeschlagenen Auszierungen ein Tempo erfordern, in dem das Kreuzen der Hände noch möglich ist:

Wählt man ein schnelleres Tempo, müssten die Triller, wie folgt, verändert werden:

In der Begleitung der linken Hand empfiehlt es sich, die Töne der Dreiklangsfiguren für die Dauer der jeweiligen Gruppe liegen zu lassen (Fingerpedal).

Die Wiederholung einer zweitaktigen Sequenz wie in Takt 22–25 von Scarlattis Sonate K. 471 ist ein typisches Merkmal in diesem Werk, wo in der Wiederholung dieser zweitaktigen Phrase das Vorhergesagte noch einmal bestätigt wird. Um auf diese Bekräftigung des musikalischen Materials aufmerksam zu machen, könnte der Akkord in der rechten Hand auf eine der folgenden Arten gespielt werden:

original   Variante 1   Variante 2   Variante 3

Dazu wäre eine kontrastierende Dynamik im Sinne einer Bekräftigung (p – f) denkbar, eventuell auch eine Ausführung als Echo (f – p).

Das Studium barocker Klavierwerke ist vom Ausprobieren, Suchen und Festlegen musikalischer und spielpraktischer Details bestimmt. Dabei ist es am wichtigsten, den Gesang der menschlichen Stimme als Vorbild im Auge zu behalten. Dieser bleibt für die musikalische Gestaltung, wie Carl Philipp Emanuel Bach betont, so etwas wie das Maß aller Dinge:

Mein Hauptstudium ist besonders in den letzten Jahren dahin gerichtet gewesen, auf dem Clavier … so viel wie möglich sangbar zu spielen und dafür zu setzen. Es ist die Sache nicht gar so leicht, wenn man das Ohr nicht zu leer lassen, und die edle Einfalt des Gesanges durch zu viel Geräusch nicht verderben will. Mich deucht, die Musik müsse vornehmlich das Herz rühren, und dahin bringt es ein Clavierspieler nie durch blosses Poltern, Trommeln und Harpeggiren, wenigstens bey mir nicht.[5]

Nils Franke

---

5 C. Ph. E. Bachs Autobiographie in: *Carl Burney's der Musik Doctors Tagebuch seiner musikalischen Reisen*, Bd. 3, *Durch Böhmen, Sachsen, Brandenburg, Hamburg und Holland*, Hamburg 1773, S. 209.

COMMENTARY

Aims and purpose of the *Urtext Primo* Series

The concept of the *Urtext Primo* Series is based on the realisation that for the first few years of a pianist's development much of the sequential element of the repertoire studied is likely to be determined by the choice of the tutor book used. Although many teachers will supplement any such primary source with selected other material, the transition from a tutor book to an individually chosen curriculum marks a departure from a generically designed programme of study (which links musical, technical and repertoire knowledge) to a more flexible environment in which teacher and student jointly select the music to be learnt. In many of the tutor books used internationally, this moment arises somewhere after two to three years of learning; a movement at which young pianists may now be able to play some of the following works:

Bach: Menuet in G, BWV Anh. 116
Mozart: Menuett in F, K. 5
Schumann: Wilder Reiter Op. 68 No. 8
Tchaikovsky: Old French Song Op. 39 No. 16

Taking this level of attainment as a starting point, each *Urtext Primo* book offers selected works by three different composers in the hope that students and adult learners might find the music included useful to their own studies over the next two to three years. In addition, the commentary that accompanies each book is written to support the development of musical, historical and piano-specific knowledge, as an awareness of these elements can only be helpful to musical learning and performing.

The Urtext score

The presentation of the *Urtext Primo* series reflects Wiener Urtext's internationally recognised publishing standards. The musical text is based on all sources relevant to the understanding of a composer's intentions, such as autographs, manuscript copies, and first and early editions. It is therefore possible to strive for as 'authentic' a musical text as possible by omitting unwanted later editorial decisions. Any necessary editorial addition in this score is clearly marked as such through the use of square brackets so that the original text can still be identified. The aim is therefore to present the score according to the intentions of the composer and thereby facilitate a sense of creative freedom for the performer.

Selection of repertoire

The selection of the repertoire in each *Urtext Primo* book is based on a thematic idea that links the three composers whose music is featured. It also acknowledges that there is such a category as canonic teaching pieces; works that have for some time come to represent their composer, period, or specific musical challenges, if not a combination of all three. It has been at the heart of the selection process not only to identify and include such works but to place them in the wider context of music that is arguably less well known but no less purposeful in its relevance to piano teaching and learning. The resulting musical diversity of repertoire also presents the player with a range of technical skills to develop. To support this process, the final section of this commentary contains a chart in which the current pieces have been graded into three categories, from A (the easiest) to C (the most difficult). This grading is intended to be for guidance only, because it is inevitable that the development of each musician will bring with it particular skills and preferences. The chart, therefore, can only reflect the demands of each piece, rather than the competencies of an individual.

Short biographical sketches

Johann Sebastian Bach

Johann Sebastian Bach was born in Eisenach in 1685 and died in Leipzig 1750 after a long and distinguished musical career. He learnt to play a number of instruments alongside his education as a chorister. After a succession of various posts as organist and choirmaster, Bach was appointed organist and court musician to Duke Wilhelm Ernst of Weimar in 1708 where he gradually earned a reputation as a brilliant performer on the organ. In 1717 he moved to Cöthen where he composed prolifically, especially instrumental music. The title page of Bach's autograph of Book 1 of the *Well-Tempered Clavier* has the date 1722, suggesting that it originates from this period in the composer's life. By 1723 he had accepted the post of Kantor at the St. Thomas's Church in Leipzig, commencing a career that would involve a mixture of school-based teaching, being director of music at a number of churches and writing music for civic events. His appointment as Court Composer to the prince elector of Saxony in 1736 confirmed Bach's position as a highly regarded and well-established composer in his circle.

George Frideric Handel

George Frideric Handel was born 1685 in Halle, and died in London 1759 having lived and worked in Germany, Italy and England. He studied initially with the organist, Friedrich Wilhelm Zachow in his hometown, and attended the local Grammar School as well as the University of Halle. It is known that Handel played as a deputy organist in the local cathedral before leaving for Hamburg in 1703. There he became a second violinist and subsequently harpsichordist in the opera orchestra and appears to have turned to opera composition. Via Florence, Handel arrived in Rome in early 1707, meeting amongst others Arcangelo Corelli and Domenico Scarlatti. He subsequently took up an appointment as Kapellmeister in Hannover in 1710, and spent the next few years writing operas and travelling between London and Hannover. In 1720 he was appointed Musical Director of the Royal Academy of Music in London, becoming a naturalised English Citizen in 1727. Most of his keyboard works date from the period of 1720–1740 and many of which were printed during the composer's lifetime. When Handel died in 1759 he had become one of the most successful composers of his time, and arguably one of the wealthiest, too. He is buried in Westminster Abbey in London.

Domenico Scarlatti

Domenico Scarlatti was born in 1685 in Naples and died 1757 in Madrid after an almost thirty year period of living in Spain. The son of the composer Alessandro Scarlatti (under whose influence he remained until approximately 1709), he then worked for Maria Casimiria, the exiled Polish queen in Rome. Scarlatti left for Portugal in 1719. In Lisbon he taught harpsichord to the Infanta Maria Barbara who married the Spanish crown prince Fernando in 1728. Scarlatti followed her to Spain where he remained for the rest of his life with the exception of a journey to Italy in 1728. His move to Portugal appears to have coincided with the development of a highly personal style of writing for harpsichord. A selection of sonatas, or *Essercizi* as he named these works, was first published in a collection in London in 1738. The compositional writing occasionally displays some Spanish influences, especially in some musical textures that were possibly shaped by the sound, if not the playing techniques of the guitar. In terms of technical innovation, Scarlatti's over 550 sonatas are testimony to a rich musical imagination, and a commanding understanding of technical ideas that can be realised on the keyboard.

The impact of Bach's, Handel's and Scarlatti's keyboard works

The grouping together of keyboard works by Bach, Handel and Scarlatti in this volume underlines their roles as contemporaries as they were all born in 1685. The repertoire selected aims to offer a range of works that demonstrate each composer's contribution to the development of keyboard technique.

Bach's standing as a composer, as well as author of an extensive body of keyboard works, can be traced from the late 18th into the 20th century. From Beethoven's knowledge of Bach's works to Chopin's teaching of the *Well-Tempered Clavier*, from Liszt's re-workings of Bach to the rich body of virtuoso transcriptions of Busoni, Reger and Kabalevsky, it seems that the pianistic evidence of Bach's legacy is well documented through editions, transcriptions and variations.

On the other hand, Handel's keyboard music may still be somewhat underrated compared to that of his two contemporaries, Bach and Scarlatti, although it can serve as a bridge between the – at times – more academic writing style of Bach and the often extrovert sonatas by Scarlatti. In re-workings, too, Handel's keyboard works, by comparison, appear to have received less attention than Bach's. The variations written on Handelian themes by Beethoven, Brahms, Volkmann and Reinecke[1] are the exception rather than the rule.

Some of Scarlatti's sonatas, on the other hand, appear to have been in the public domain for some time,

as several 18th century editions illustrate. It is also known that a selection of sonatas was in the personal library of Johannes Brahms. However, 19th and early 20th century transcriptions of Scarlatti sonatas are comparatively rare, with Carl Tausig[2] and Béla Bartók being the notable exceptions. Yet the former's grouping together of two sonatas, K. 9 & 20, as *Pastorale & Cappriccio* was arguably one of the early 20th century's more popular piano recital items. Nevertheless, for reasons of access it is probably reasonable to suggest that the astonishing breadth and diversity of Scarlatti's keyboard invention was not fully understood until the publication of Ralph Kirkpatrick's ground-breaking study of Scarlatti's work in 1953.

Practice tips

Playing these works on the modern piano

Playing the keyboard works by Bach, Handel and Scarlatti on the modern piano does present certain challenges to the pianist as the instruments these composers wrote for were fundamentally different to the present-day piano. Although this is not the place for a detailed account of the implications of instrument making, some basic thoughts may need to be considered as they have an impact on how one approaches these scores on a modern piano.

The instrument

The music in this volume dates from a time in which many different keyboard instruments were in circulation. What most of them shared was the fundamental approach to producing a sound through the plucking of a string. The most popular of these instruments was the harpsichord, which often had two manuals and a range of stops. Furthermore, the concept of a touch-sensitive keyboard instrument was already in use as can be seen in the design of the clavichord, an instrument that Bach apparently regarded highly.

It was around 1700 that Bartolomeo Cristofori (1665–1731) fitted hammers that struck the strings to the action of a harpsichord frame. The resulting dynamic shading, facilitated by touch, gave the instrument its name: *gravicembalo col piano e forte*, as Cristofori called it. However, these early *fortepianos* still sounded closer to a harpsichord than the modern piano. The initial design problems of the instruments somewhat delayed their subsequent success, but is known that some of them were delivered to the Spanish court, where Scarlatti is likely to have used them.

The simultaneous use of harpsichord, clavichord and early fortepiano indicates that the performance of keyboard music of this period cannot be linked exclusively to one particular type of instrument. Instead,

1 Ludwig van Beethoven, *Twelve Variations on a Theme from Handel's Oratorio Judas Makkabaeus* WoO 45, Johannes Brahms, *Variations and Fugue on a Theme by Handel* Op. 24, Robert Volkmann (1815–1883), *Variations on a Theme by Handel* Op. 26, Carl Reinecke (1824–1910), *Variations on a Theme by Handel* Op. 84; cf. Adolf Prosnitz, *Handbuch der Klavierliteratur*, 2nd edn., Leipzig-Vienna, 1908.
2 Carl Tausig (1841–1871), virtuoso pianist and former student of Liszt whose transcriptions of Bach and Wagner were widely played in the late 19th and early 20th centuries.

it is safer to assume that not one instrument but the concept of the plucked sound, as found in the harpsichord, shaped the sound world of the late baroque keyboard music.

The plucked strings of a harpsichord produce a thinner, if somewhat more direct sound than the modern piano. The absence of a pedal, and with it the ability to build up resonance (or to blur sounds), further underlines the harpsichord's crisp and transparent detached sound. Thus, when playing harpsichord music on the modern piano, one of the key issues to identify is to what extent an awareness of the harpsichord's mechanical design should influence a present-day piano performance.

Attempts in the 20th century to understand how the music of periods other than one's own may have sounded have led to performer-scholars taking both principled and pragmatic positions on what used to be called 'authentic performance' and is now understood to be 'historically informed performance'. Especially when applied to the piano, the debate of whether or not to use the pedal in Baroque music has resulted in occasionally uncompromising views. And yet the realisation that no piano will ever sound like a harpsichord has shifted the approach away from a debate about the instrument and more towards a focus on sound and musical detail.

Therefore it is the sound of detached notes on a harpsichord that would require the pianist to find their equivalent on a piano, much as an arpeggiated chord of held notes on the harpsichord might result in the use of the pedal on a piano. The essential point to consider here is the aural impact, influenced by an imagined sound of a Baroque score, and articulated on a modern piano with its own range of aesthetic possibilities.

The Score

Compared to scores of subsequent musical periods, Baroque musical scores were typically relatively sparse. Apart from the notes themselves and some basic directions with regard to ornamentation much of the musical detail was left to the performer's discretion. This was no particular concern to players whose own training enabled them to respond to being given little more than the notes themselves. But to approach such music almost 300 years later inevitably changes the relationship with the musical text. For the modern performer much of the information has to come from a range of sources such as contemporary Baroque documents (as in the case of the table of ornaments from Wilhelm Friedemann Bach's *Clavierbuechlein*), or even the music itself. Here, a range of elements can provide valuable pointers, from the type of piece to its metre, phrase structures and general musical context.

Form and genre

The present selection of pieces contains the following musical forms and genres: works of an introductory nature, dance movements, inventions and sonatas.

Pieces of an introductory nature are the Praeludium, the Toccata and the Entrée. These can be self-contained works, or serve as preliminary pieces to a subsequent fugue. The Entrée can be found in ballets or dance suites as a march-like opening piece of moderate tempo.

The Courante and Gigue are somewhat livelier dances that originated from France (Courante) respectively Ireland (Gigue). While the Courante is in either 3/2 or 3/4 time, the basis of the Gigue is its three-quaver grouping within a 6/8 or 12/8 rhythm. Both dances exist in French and Italian versions, the latter usually slightly faster and the former more richly ornamented, and thus a bit slower. The two Gigues by Handel illustrate this difference: HWV 452 is closer to the Italian, HWV 492 more indicative of the French Gigue.

The Sarabande seems to have originated in South America before arriving in Spain in the 16th century. It is a slower, graceful dance in three-time and has an emphasised second beat of the bar.

Menuet, Gavotte and Polonoise were fashionable dances in the Baroque period, all being of somewhat moderate tempo. The Menuet in particular was popular in French society and in its use within a Suite it was frequently presented as two contrasting Menuets (see Bach's BWV 813 and 825). The Gavotte also originated from France and can be identified by its upbeats of two crotchets and a preferred time signature of 4/4. The Polonoise, on the other hand, had its origin in Poland and uses a distinctive rhythmic pattern: ♩♫♫ ♪

Inventions are short, self-contained pieces that, according to Bach's preface, are designed to develop 'the learning of accurate playing in 2 parts'. The compositional imitation shared by both parts is a valuable tool for the promoting of independence between hands as it makes equal technical demands on both.

Scarlattis's many (but by no means only) one-movement sonatas are testimony to the individual approach the composer had to this form. What makes his keyboard works so distinctive is the ability to link the invention of thematic material with particular technical challenges for the keyboard player.

Tempo

The choice of tempo in a Baroque piece is likely to depend on a number of different factors. Firstly, explicit tempo indications are relatively rare but are inevitably implied in dance movements. But even here variations apply. A late Baroque dance is more likely to be extensively ornamented, compared to an early Baroque work. Therefore the basic tempo would have to be slower, allowing extra time for the ornaments to sound unhurried. Furthermore, the question of tempo often depends on the musical context, such as the smallest note values or the choice of metre. For example, a work in 2/4 would generally be played faster than if it were written in 4/4. Secondly, there are individual and national differences in compositional styles as a comparison between the scores of works by Scarlatti and Handel might show. Again, the more involved the writing, the more moderate the basic tempo so that musical details can be heard. And thirdly the use of Italian terms such as *Allegro* refers more to the mood or character of the work (which is *lively* in this case) rather than to the actual tempo, which – also in this case – does not necessarily mean fast. Extreme tempi should generally be avoided. Bach's son Carl Philipp Emanuel suggested that one should 'neither hurry the Allegro nor feel sleepy in an Adagio'.[3]

Touch and articulation

Bach's foreword to his *Inventions* states that this music was written for players to achieve, amongst other things, 'a cantabile style of playing'. The use of the word 'cantabile' is interesting, not least because it connects the undeniably mechanical process of playing a keyboard instrument with the aspiration to shape instrumental music like a vocal line. Bach's comment is therefore as much concerned with quality of sound, as with phrasing and articulation.

The basic touch in Baroque music is arguably non-legato, although this should not be understood in a prescriptive way. Instead, players should decide on a case-by-case basis while taking the musical context into consideration. For example, slow movements and stepwise melodic lines may call for a more connected sound. Livelier pieces and melodic leaps on the other hand may sound more appropriate when disconnected. The action of a keyboard inevitably makes a legato touch the obvious option for faster passagework which may otherwise lose in musical effect.

An interesting case study for how to balance historical information with the aesthetic options available on the modern instrument is the range of approaches that can be effective in performing the Prelude BWV 846-1. C. P. E. Bach suggests that in the case of distributed chords one can hold the entire harmony, resulting in a sustained, almost pedalled sound:

On the other hand, the following two examples are also options available to the modern performer who wishes to allude to the harpsichord origin of this work:

Dynamics

The lack of dynamic detail in this music by no means implies a monotonous performance! An expressive performance on the harpsichord employs a sophisticated use of time, which can translate into dynamic shading on the piano. It also relies on the textures a composer employs in the music. Therefore, the fewer lines are written, the softer the volume of sound, and the more voices are used, the more sonority is generated. Furthermore, it seems that the shapes of melodic lines contain information on how to grade these dynamically on the piano. Of particular relevance is the difference between stronger and weaker beats. The use of legato slurs (though this is rare in music of this volume) also implies an emphasised note at the beginning of the slur, followed by a subtle subsequent decrescendo. This can, for example, be found in Scarlatti's sonata K. 308 (bars 8ff.) and Handel's Sarabande HWV 449 (bars 5ff.).

Ornamentation and Improvisation

Two aspects of performance practice are particularly relevant to the realisation of a number of pieces in this volume; the use of ornaments and the distribution of chord progressions that invite performer realisations.

Ornamentation

As a starting point, ornamentation in Bach's works is usually connected to the 'Explanation of various signs' as found in Wilhelm Friedemann Bach's *Clavierbuechlein*.

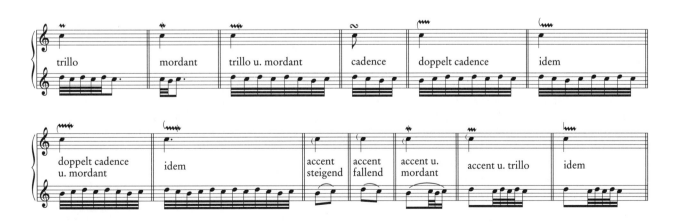

---

3 Carl Philipp Emanuel Bach, *Versuch über die wahre Art das Clavier zu spielen*, Berlin, 1753, first part, p. 121, XIII, 1, § 10.

However, rather than deciding on a literal application of each sign, a modern performer may prefer to extract the underlying principles of ornamentation and then be guided in their application according to the given musical context. In the case of Handel's works, Peter Williams suggests the following approach in which he establishes the different realisations of an ornament depending on the tempo selected.

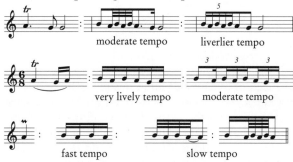

Trills notated as *tr* have been generally interpreted as upper note trills, as sometimes indicated by the fingering. Several of them use a suffix to round off the trill.

Appoggiaturas can be played as long or short grace notes and may in certain cases also be placed before instead of on the beat. Long appoggiaturas last for half the value of the subsequent main note and in the case of dotted notes for two thirds of the value of the main note. Bars 22ff. of Scarlatti's sonata K. 308 contain two different ways of performing a grace note. The copyist's score on which this edition is based differentiates between slurred and non-slurred notes.

The intervallic distance of a third between the second and third quaver of the bar (slurred grace note) suggests a possible performance as a *tierce coulée* (before the beat), the non-slurred note before the fifth quaver seems to be executed as a short grace note (on the beat):

The context of the ornaments in bar 33 of the same work results in a long appoggiatura:

Improvising a musical texture

Improvisatory ornamentation in the present context falls into two different categories: smaller embellishments and more substantial additions to the musical text. An example of a simple embellishment can be found in bars 5 and 6 of the Menuet BWV Anh. 116 on page 10. When repeating these bars in performance, one might add passing notes to the third beats of these bars, or even an appoggiatura in bar 8.

The idea of slightly adapting the musical text when playing repeats can also apply to other music that contains similar patterns. It can take a while before one feels comfortable with approaching a score in such a flexible way and it could be a good interim solution to annotate the music with one's individual amendments. Although this is not an imperative part of learning this music, it nevertheless encourages a creative approach to working with the score, if not an additional sense of ownership on the part of the performer.

The arpeggio marking in bars 12–13 of Handel's Prélude HWV 437 is an invitation to elaborate the texture of the given harmonic structure.

There seem to be a number of possibilities that present themselves at this point but whatever one decides to do should be consistent within the given musical context. Using the underlying semiquaver pattern of much of this piece would be one such realisation:

The demisemiquavers of bar 14 may also justify a more virtuoso version:

By contrast, the arpeggio signs for the last three bars could be understood as retaining the given chords more decisively by playing:

At times, it is possible that the notation of a musical effect may imply a particular way of playing it, without making this necessarily obvious at first sight. It makes musical sense to arpeggiate the bass chord and the notes of the first quaver in the following example of Scarlatti's sonata K. 32, and a comparison between the composer's notation and a written-out performed version illustrates why it may have been easier to imply such a reading, rather than notate it.

Fingering

Closely linked to both articulation and ornamentation is the issue of fingering which can be used to enhance the shape of a musical line by employing a fingering that supports the articulation a performer decides to use. In other words, much of the patterned aspect of music, such as the use of scales and arpeggios, can be enhanced by the use of a specific fingering that supports the musical context. For example, the following C major scale could be played in a number of different ways, depending on its rhythmic context:

Although the above example is in some ways self-explanatory, it does illustrate how inter-connected the understanding of rhythm, its implied articulation and the subsequent choice of fingering can be.

An interesting example of this observation is how one might approach the fingering in Handel's Preludio HWV 442. Many of the scale passages could be played by using the standard fingering that applies to the key of a particular scale. On the other hand, the fingering can be used to emphasise the grouping of notes, as shown in the semiquavers of bars 10 and 12. It is also possible to connect moments of metric importance with the use of a 'strong' finger, as is evident in the use of the thumb in the first G major scale of this piece.

At times, the pursuit of a specific musical effect may call for seemingly unconventional fingering solutions. Peter Williams' suggestion to divide the scale in Handel's Prelude HWV 437, bar 14 (see p. 25) between both hands is borne out of an understanding of what eventually (though maybe not at first) feels comfortable to play.

There are also instances when a fingering, seen out of context, may seem somewhat awkward to execute. The alternative left hand fingering in bar 12 of Handel's Gigue HWV 452 (p. 32) is such a case. As the second finger crosses over to the *d′*, the hand changes its angle in relation to the keys. The elbow would be

raised away from the body to accommodate such a movement, and remain in this position until the subsequent *c′* has been played.

Learning Baroque keyboard works generally requires the willingness to experiment with music before finalising many of the decisions that have an impact on the choice of fingering. From the perspective of learning this music, it seems almost preferable to gain a 'rough' understanding of the score without committing oneself to any particular musical detail, and then to experiment with articulation and ornamentation before deciding on a particular way of playing a work. Carl Philipp Emanuel Bach summarised the issue of musical context very succinctly when he wrote that 'in performance one always has to consider what follows next as this is often the reason for using a fingering other than the customary one .'[4]

Some specific suggestions

Both Bach Preludes BWV 999 and 846-1 are works in which one texture is used throughout. This can both help and hinder the learning of these pieces. The benefit is clear; once the initial few bars have been learnt, the rest of the piece no longer presents a technical problem. But the repetitious texture also means that memorisation of such music can be difficult as there are no obviously different sections. Harmonic analysis will help, of course, but learning each bar as a chord progression will secure hand positions and enable the performer to practise these chords out of context, thus strengthening the harmonic (aural) memory. Bars 1–4 of BWV 846-1 would thus look like this:

Bach's Menuet BWV Anh. 116 provides an excellent opportunity for reflecting on the connection between harmony and articulation. Bar 1 suggests a harmonic rhythm of 2 + 1 crochets, thus disconnecting the articulation of the 3rd beat from what has gone before:

Uniform groups of notes can have an implied melodic line, which requires emphasising by moderating the keyboard touch effectively. The following example from Bach's Menuet from BWV 825 would thus benefit from the following dynamic grading:

When Bach suggested in the foreword to his *Inventions* that learning this music would aid both the development of playing and composing skills it shows how closely connected these two activities used to be in the Baroque period. Scarlatti's sonata K. 80 makes similar point. Written as a two-part texture with fig-

---

4 C. P. E. Bach, *Versuch*, first part, p. 20, I, § 16.

ured bass (bar 9 onwards), it draws on a player's knowledge of harmony for the filling in of a middle part. For the purpose of this edition, the figured bass has been written out (see p. 63) although it is possible to perform this work as a two-part composition.

The above commentary about the relationship between basic tempo and the nature and extent of ornaments can be seen in Scarlatti's sonata K. 95 where the ornaments suggested would dictate a specific tempo in which the crossing of hands is still possible:

However, at a fast tempo, the trills would have to change to the following:

Additionally, the triad patterns in the left hand require the sustaining of notes to suggest a finger pedal effect.

The repetition of a two bar sequence as seen in bars 22–25 of Scarlatti's sonata K. 471 is a reoccurring element in this work in which the second appearance of this two-bar phrase emphasises what has been said before. To draw attention to the idea of reinforcing musical material, the chord in the right hand could be played in any of the following ways:

original   variant 1   variant 2   variant 3

Furthermore, this passage also lends itself to the use of clear dynamic contrast, either as a reinforcing gesture of what has been said before (*p-f*) or as an echo effect (*f-p*).

Learning Baroque keyboard works is a process marked by experimenting, finding solutions and making decisions about musical details. What seems to lie at the heart of much of this music is a preoccupation with the quality of the sound that can be produced on a keyboard instrument and its connection to the human voice. As Carl Philipp Emanuel Bach suggests:

'It has been my main preoccupation, particulary in the last years, to play on the keyboard ... and compose for it in as singable a way as possible. It is no mean task, if one wishes to not leave the ear too empty, and not spoil the noble simplicity of song with too much noise. I believe, music should above all touch the heart, and this a keyboard player will never achieve by merely banging, drumming and arpeggiating, at least not with me.'[5]

Nils Franke

---

[5] C. P. E. Bach's Autobiography in: *Carl Burney's der Musik Doctors Tagebuch seiner musikalischen Reisen*, vol. 3, *Durch Böhmen, Sachsen, Brandenburg, Hamburg und Holland*, Hamburg, 1773, p. 209.

D. Scarlatti, Sonate K. 80 mit ausgesetzter Generalbassbezifferung
D. Scarlatti, Sonata K. 80 with a realised figured bass

Repertoire-Tabelle / Repertoire chart

Bach

A	Praeludium in C	BWV 939
	Menuet in G	BWV Anh. 116
	Polonoise in d	BWV Anh. 128
	Menuet in F	BWV Anh. 113
B	Praeludium in C	BWV 924
	Praeludium in F	BWV 927
	Praeludium in C	BWV 846/1
	Praeludium in c	BWV 999
C	Gavotte in G	BVW 816
	Menuet 1/2	BWV 813
	Menuet 1/2	BWV 825
	Inventio 1 in C	BWV 772
	Inventio 8 in F	BWV 779

Händel

A	Sarabande	HWV 437
	Sarabande 1/2	HWV 448
B	Preludio	HWV 442
	Courante	HWV 450
	Minuet	HWV 434. IV
	Entrée	HWV 453
C	Toccata	HWV 586
	Prélude	HWV 437
	Gigue	HWV 452
	Gigue	HWV 492

Scarlatti

A	Sonate in d	K. 32
	Sonate in G	K. 80
B	Sonate in C	K. 308
	Sonate in D	K. 415
	Sonate in G	K. 431
C	Sonate in C	K. 95
	Sonate in A	K. 323
	Sonate in G	K. 471

Gedruckt mit 100% Ökostrom Pl. 10/ 2012